健康活力唤醒系列

简化
太极拳

● 健康活力唤醒系列编写组　编

化学工业出版社
北京

图书在版编目（CIP）数据

简化太极拳/健康活力唤醒系列编写组编. —北京：化学工业出版社，2018.3
（健康活力唤醒系列）
ISBN 978-7-122-31394-2

Ⅰ.①简… Ⅱ.①健… Ⅲ.①简化太极拳-基本知识 Ⅳ.①G852.11

中国版本图书馆CIP数据核字（2018）第012764号

责任编辑：宋　薇　　　　　　　　　　装帧设计：张　辉
责任校对：王　静

出版发行：化学工业出版社（北京市东城区青年湖南街13号　邮政编码100011）
印　　装：北京方嘉彩色印刷有限责任公司
710mm×1000mm　1/16　印张10½　字数185千字　2018年4月北京第1版第1次印刷

购书咨询：010-64518888（传真：010-64519686）　售后服务：010-64518899
网　　址：http://www.cip.com.cn
凡购买本书，如有缺损质量问题，本社销售中心负责调换。

定　价：49.80元　　　　　　　　　　　　　　　　　版权所有　违者必究

简化24式太极拳是在杨式太极拳的基础上,将原有套路化繁为简创编而成的,很适宜于入门级太极玩家练习和模仿。

《简化太极拳》从初学者的心理和生理特点出发,着重解决太极初学者普遍存在的"太极拳打起来好看,练起来不容易"的问题,帮助太极拳初学者攻克"向往太极却难以坚持或者望而却步"的难关。

《简化太极拳》的内容以24式太极拳的基本功练习和规范化学习为主,对初学者不易理解的动作关键点,特别添加了扫二维码观看解读视频的功能,以更为便捷的形式帮助初学者掌握动作要领。

《简化太极拳》通过翔实的图片展示、便捷易行的教学手段,帮助热爱太极拳、崇尚运动养生的人们实现健身梦想。

目录

预备姿势 /1

1. 起势 /2
2. 左右野马分鬃 /5
3. 白鹤亮翅 /20
4. 左右搂膝拗步 /22
5. 手挥琵琶 /36
6. 左右倒卷肱 /38
7. 左揽雀尾 /52
8. 右揽雀尾 /59

9. 单鞭 /70

10. 云手 /76

11. 单鞭 /89

12. 高探马 /92

13. 右蹬脚 /95

14. 双峰贯耳 /102

15. 转身左蹬脚 /105

16. 左下势独立 /110

17. 右下势独立 /117
18. 左右穿梭 /122
19. 海底针 /131
20. 闪通臂 /134
21. 转身搬拦捶 /137
22. 如封似闭 /144
23. 十字手 /149
24. 收势 /156

预备姿势

头、背、腰挺直,百会穴上顶,下颌微收;两肩下沉,两手自然舒展、置于大腿外侧;两脚并拢,两腿伸直,髋关节向后微收;小腹放松,目平视前方,意念集中。

特别提示

全身放松,头颈正直;意念集中,呼吸自然。

简化 **太极拳**

② 左脚脚尖提起，离开地面约2厘米，平行向左打开；双脚开立约与肩同宽时，左脚脚尖点地。

1 起势

① 吸气，上身保持不动，重心慢慢移到右腿。

特别提示

依次松左胯、膝、踝，自然脚跟离地。

③ 呼气，依次脚掌脚跟落地，重心从右腿平移到两脚足弓中点上。

④ 吸气，但是肩不提起，用肩送肘向前，提手掌，双手与肩同高同宽。

① 起 势

简化 太极拳

⑤ 呼气两肩下沉，两肘肘尖向下。
两掌轻轻下按至腹前；
坐腕，两掌手指斜向上；
松胯，臀大肌向内收敛；
屈膝下蹲，腰背放平，两膝外撑，裆撑圆；
重心落在两脚足弓中点上；
上体保持预备站姿时的中正状态；
小腹放松，两眼平视前方，意念集中。

特别提示

下蹲时上体要保持正直；
手的升降与腿的屈伸、呼吸相配合；
用鼻子吸气、呼气，保持呼吸均匀而细长。

② 左右野马分鬃

特别提示
抱球手离身体30厘米左右，双肘自然下坠，不要向内夹紧。

② 左右野马分鬃

野马分鬃（一）
① 丁步抱球
上体微向右转，身体重心移至右腿；
右臂收在胸前平屈，掌心向下；
左手经体前向右下画弧，落于右手下，掌心向上；
两掌心相对成抱球状；
左脚随即收到右脚内侧，脚尖点地。

特别提示

迈步落脚要轻，重心留在右脚，不要急于前移。

② 转体迈步

上体微向左转；

左脚向左前方迈出，步幅约一脚宽度，脚跟着地成虚步；

两手掌微微分开。

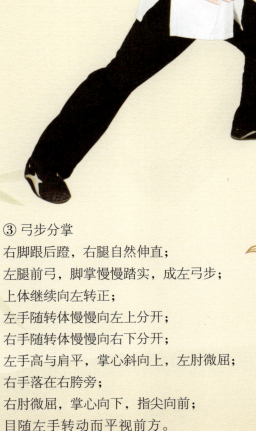

② 左右野马分鬃

③ 弓步分掌

右脚跟后蹬，右腿自然伸直；
左腿前弓，脚掌慢慢踏实，成左弓步；
上体继续向左转正；
左手随转体慢慢向左上分开；
右手随转体慢慢向右下分开；
左手高与肩平，掌心斜向上，左肘微屈；
右手落在右胯旁；
右肘微屈，掌心向下，指尖向前；
目随左手转动而平视前方。

特别提示

重心要平稳前移，分掌和弓步动作同时完成；
两肩放松下沉，胸微微内含，双臂保持自然弧形。

野马分鬃（二）

① 重心后坐

上体慢慢后坐；

身体重心移至右腿；

左脚尖翘起；

上肢动作保持不变。

特别提示

重心平移后坐时，上体保持正直，不要前俯后仰。

② 左右野马分鬃

② 前移抱球

左脚脚尖微向外约60°方向撇，身体左转；

右腿蹬伸；

左腿慢慢前弓，脚掌慢慢踏实；

身体重心慢慢移至左腿；

左臂收在胸前平屈，左手掌心翻转向下；

右手向左上画弧，手臂外旋，掌心上翻；

两掌心相对成抱球状；

目平视左手方向。

简化 太极拳

③ 丁步收腿
重心移至左腿；
右脚慢慢收到左脚内侧，脚尖点地；
目平视左手方向。

特别提示

收腿过程中左腿保持弯曲，身体重心不要升高；成丁步后，右脚虚点地面，重心完全在左脚。

② 左右野马分鬃

④ 斜向右虚步
右腿向前偏右方向迈出，脚跟着地；
两手掌微微分开；
目平视右手方向。

特别提示
迈步落脚要轻，重心留在左脚，不要急于前移。

 简化 太极拳

⑤ 弓步分掌

左腿自然伸直；

右腿前弓成右弓步，上体右转；

左手随转体慢慢向左下分开；

右手随转体慢慢向右上分开；

右手高与眼平，掌心斜向上，右肘微屈；

左手落在左胯旁，左肘微屈，掌心向下，指尖向前；

目随右手转动而平视。

特别提示

右手分掌动作要和身体右转配合，做到以腰带手；收腿过程中左腿保持弯曲，身体重心不要升高；成丁步后，右脚虚点地面，重心完全落在左脚。

② 左右野马分鬃

特别提示
抱球手离身体30厘米左右，双肘自然下坠，不要向内夹紧。

野马分鬃（三）
① 重心后坐
上体慢慢后坐，重心移至左腿；
右脚尖翘起；
上肢动作保持不变。

② 前移抱球

右脚脚尖向外约60°方向撇,身体右转;

左腿蹬伸,右腿前弓,脚掌慢慢踏实,身体重心移至右腿;

同时右臂收在胸前平屈,掌心翻转向下;

左手向左上画弧,置于右手下方,手臂外旋,掌心上翻;

两掌心相对成抱球状,目平视右手方向。

② 左右野马分鬃

③ 丁步收腿
　　重心移至右腿后；
　　左脚慢慢收到右脚内侧，脚尖点地；
　　目平视右手方向。

特别提示

收腿过程中左腿保持弯曲，身体重心不要升高；成丁步后，左脚虚点地面，重心完全在右脚。

简化 太极拳

④ 斜向进步
左腿向左前方斜向迈出，脚跟着地；
两手掌微微分开；
目平视前方。

特别提示
迈步落脚要轻，重心留在右脚，不要急于前移。

特别提示

右手分掌动作要和身体右转配合，做到以腰带手；

收腿过程中左腿保持弯曲，身体重心不要升高；

成丁步后，右脚虚点地面，重心完全在左脚。

❷ 左右野马分鬃

⑤ 弓步分掌

右腿自然伸直，左腿成左弓步；

同时上体左转；

左手随转体慢慢向左上分开；

右手随转体慢慢向右下分开；

左手高与下颌平齐，掌心斜向上，左肘微屈；

右手落在右胯旁，右肘微屈，掌心向下，指尖向前；

目随左手转动而平视前方。

简化太极拳

左右野马分鬃

完整练习提示

以起势站位的左方为正前方，野马分鬃的三次迈步方向为左右30°，成小"之"字形路线前进。

迈步动作时，重心不要急于前移，要等脚跟着地后再慢慢移动；移动重心时，身体不要前俯后仰，也不要有高低起伏。

仙鹤草煮红枣

原料：30克仙鹤草，8个红枣。

做法：将仙鹤草和红枣一起煮。

功效：仙鹤草，又叫龙芽草、黄牛尾，具有止血凉血，强心健胃，补虚强体的功效。仙鹤草搭配红枣，特别适合为进行过繁重体力劳动的人滋补身体，或帮助老年人养生保健。

3 白鹤亮翅

① 跟步抱球
上体微向左转，右脚跟进半步；
左手翻掌向下，左臂平屈于胸前；
右手向左上画弧，掌心翻转向上，
与左手成抱球状；
目平视前方。

② 交替步
上体后坐，身体重心移至右腿；
上体右转，面向右前方，眼看右手；
提起左脚脚跟，成前丁步。

③ 白鹤亮翅

特别提示

在步法变换过程中重心高度不变，保持立身中正；

两肩、两肘下沉，两手臂与身体成圆弧形。

③ 虚步亮掌

左脚稍向前移，脚尖点地，成左虚步；

同时上体微向左转，面向前方；

两手随转体慢慢向右上和左下，分开；

右手上提停于右额前，约60°～75°方向，掌心向左后方；

左手落于左胯前，掌心向下，指尖向前；

目随身体转动而平视正前方。

4 左右搂膝拗步

搂膝拗步（一）

① 向左侧抱

下身保持不动，腰向左微转，带动右手从右斜上方向下画弧落至左肩内侧，掌心向下；

同时左手外旋，掌心向上，撩托至左侧与耳同高；

头随腰转，目平视左手。

④ 左右搂膝拗步

② 向右侧抱

腰微向右转，带动左手从左斜上方向下画弧落至右肩内侧，掌心向下；
右手向下按掌在胸前，外旋翻掌，撩托至右侧与耳同高，掌心向上；
在右手翻掌撩托的同时收左脚成丁步；
头随腰转，目平视右手。

专业词语注释

撩托：以手掌向上挑起支撑。
坠肘：肘尖向下，与地垂直。

③ 虚步拦掌
出左脚成左虚步；
同时左手从肩的高度按压至左腰前方，手臂微屈、坠肘；
右肘回收，手指指向耳朵，掌心斜向胸内；
目视虚步前方。

④ 左右搂膝拗步

特别提示

搂手、推掌动作与重心前移协调一致，同步到位；

立身中正，肘关节微屈下沉；

右掌由耳侧向前推出的过程中，手腕逐渐变成坐腕立掌，由开始的掌指向前穿变为最后的掌根前推。

④ 弓步搂推

重心前移成左弓步，上体左转；

同时右手向前推出，与肩同高；

左手向下从左膝前搂过落于左胯旁，指尖向前；

目光穿过右手虎口看向远方。

搂膝拗步（二）

① 重心平移回坐

右腿慢慢屈膝，上体后坐，身体重心移至右腿；

左脚脚尖翘起；

上肢姿势不变。

④ 左右搂膝拗步

② 丁步侧抱

左脚尖向外约60°方向撇，身体左转，重心平移至左腿；

右脚脚跟蹬收至左脚内侧，脚尖点地；

同时左手由左后向上画弧至左肩外侧，肘微屈、下坠，手与耳同高，掌心斜向上；

右手随转体向上、向左下画弧落于左肩前，掌心向下；

目平视左手方向。

③ 虚步拦掌

出右脚成右虚步；

同时右手从肩按压至右腰前方，手臂微曲、坠肘；

左肘回收，手指指向耳朵，掌心斜向胸内；

目视虚步前方。

④ 左右搂膝拗步

④ 弓步搂推

重心前移成右弓步，上体右转；

同时左手向前推出，与肩同高；

右手向下从右膝前搂过，落于右胯旁，指尖向前；

目光穿过左手虎口看向远方。

特别提示

搂手、推掌动作与重心前移协调一致，同步到位；

立身中正，肘关节微屈下沉；

右掌由耳侧向前推出的过程中，手腕逐渐变成坐腕立掌，由开始的掌指向前穿变为最后的掌根前推。

搂膝拗步（三）

① 重心平移回坐

左腿慢慢屈膝，上体后坐；

身体重心移至左腿，右脚尖翘起；

上肢姿势不变。

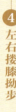

② 丁步侧抱

右脚脚尖微向外约60°方向撇，身体随右转；
左脚脚跟蹬伸，右腿慢慢前弓，脚掌慢慢踏实；
身体重心慢慢移至右腿；
左脚收到右脚内侧，成左丁步；
同时右手向外翻掌，由下向上画弧至右肩外侧，
右肘微屈、下坠，手与耳同高，掌心斜向上；
左手随转体向右画平弧落于右肩内侧，掌心斜向下；
目平视右手方向。

③ 虚步拦掌

出左脚成左虚步；

同时左手从肩部按压至左腰前方，手臂微屈、坠肘；

右肘回收，手指指向耳朵，掌心斜向胸内；

目视虚步前方。

④ 左右搂膝拗步

④ 弓步搂推

重心前移成左弓步，上体左转；
同时右手向前推出，与肩同高；
左手向下从右膝前搂过落于左胯旁，指尖向前；
目穿右手虎口远视。

特别提示

搂手、推掌动作与重心前移协调一致，同步到位；

立身中正，肘关节微屈、下沉；

右掌由耳侧向前推出的过程中，手腕逐渐变成坐腕立掌，由开始的掌指向前穿变为最后的掌根前推。

简化 太极拳

左右搂膝拗步

完整练习提示

三次动作的迈步方向为左右45°，成小之字形路线；

完整练习各步骤要平稳、匀速且连贯，但不要漏做重心后移、脚尖外摆的衔接过程。

灵芝蜜枣老鸭汤

原料:老鸭、灵芝、蜜枣、老姜、陈皮、盐。

做法:

1.将老鸭宰杀干净,沸水焯过待用。

2.将灵芝、陈皮、蜜枣洗净;老姜洗净切片备用。

3.将老鸭、灵芝、陈皮、蜜枣、老姜放入开水锅中,用中火煲约2小时,加盐调味即可。

功效:滋补肝肾、养阴止喘、适宜阴虚体弱者饮用。可以辅助治疗失眠、消化不良等。

① 顺势跟步

重心随弓步推掌动作继续前移；

右脚跟进半步，脚尖点地成后丁步，右手不变；

左手随着右脚移动而上提至左肩前，与肩同高；

目随右手转动而平视左手方向。

② 后坐摆掌

右脚跟向内约60°回扣下落；

身体重心移至右腿，上体半面向右转；

同时双手的掌心均向右外摆，左手摆在胸前，右手摆向右侧；

目平视左手前方。

5 手挥琵琶

③ 虚步抱拳

左脚脚跟着地成左虚步，脚尖翘起；
膝部放松微屈，坐胯，身体转正；
沉左肩，屈臂、坠肘、坐腕；
立左手，高与鼻尖平，掌心向右；
右手从右侧向下再向上提起画弧；
右手收回放在左臂肘部里侧，掌心向左下；
两手臂虚合在身体胸前；
目平视前方。

特别提示

保持立身中正，在步法变换过程中落步要轻，重心高度不变；

两肩、肘下沉，两手臂与身体成圆弧形。

特别提示

上体右转不要太过；右手向后上托掌后，双臂保持自然弯曲，配合含胸拔背合抱成圆弧。

⑥ 左右倒卷肱

倒卷肱（一）

① 转体托掌

下盘不动，上体右转；

右手翻掌，掌心向上，经腰侧由下向后上方约135°方向画弧平举；

右臂微屈、坠肘；

左手随即翻掌向上，两手与肩同高；

视线随着身体右转向右手方向平视。

② 撤步收肘

左腿轻轻提起向后偏左退一步，前脚掌先着地；
身体重心在右腿不变；
同时右臂屈肘折向前，直至耳侧，掌心斜向胸内侧；
目平视左手前方。

简化 太极拳

特别提示

退步时，左脚向左后方斜向插步，避免两脚踩在同一直线上；

右手推掌不要完全伸直，保持肘关节微微弯曲，肘尖自然下垂，做到沉肩、垂肘；右手前推和左手回抽要配合转体动作，在胸前相对交错进行，与重心回坐前脚蹬转协调一致，同步完成。

③ 退步推掌

左脚脚跟向里约60°方向内扣，然后全脚慢慢踏实；

身体重心平移至左腿；

右脚随转体以脚掌为轴蹬扭正，脚跟离地，成右虚步；

同时右手由耳侧向前坐腕推出，掌心向前，左臂屈肘后撤；

左手回抽至左腰侧，掌心向上；

目平视前方。

6 左右倒卷肱

倒卷肱（二）

① 转体托掌

下盘不动，上体左转；

左手翻掌，掌心向上，经腰侧由下向后上方约135°方向画弧平举，臂微屈、坠肘；

右手随即翻掌向上；

两手与肩同高；

视线随着身体左转而平视左手方向。

② 撤步收肘

右腿轻轻提起向后方偏右退一步；右脚前脚掌先着地，身体重心在左腿不变；

同时左臂屈肘折向前至耳侧，掌心斜向胸内侧；

目平视右手前方。

❻ 左右倒卷肱

③ 退步推掌

右脚脚跟向内约60°方向回扣，然后全脚慢慢踏实；
身体后坐，重心平移至右腿；
左脚随转体以脚掌为轴蹬扭正，脚跟离地，成左虚步；
同时左手由耳侧向前坐腕推出，掌心向前；
右臂屈肘后撤，右手回抽至右腰侧，掌心向上；
目平视前方。

倒卷肱（三）

① 转体托掌

下盘不动，上体右转；

右手翻掌，掌心向上；右手经腰侧由下向后上约135°方向画弧平举，臂微屈、坠肘；

左手随即翻掌向上；

两手与肩同高；

视线随着身体右转而平视右手方向。

❻ 左右倒卷肱

② 撤步收肘

左腿轻轻提起向后偏左退一步；左脚前脚掌先着地，身体重心在右腿不变；同时右臂屈肘折向前到耳侧，掌心斜向胸内侧；目平视左手前方。

简化 太极拳

专业词语注释

坐腕推出：手背向小臂方向用力贴靠，在手背方向使手腕关节成最小角度，以掌跟和掌外侧用力推出。

③ 退步推掌
左脚脚跟向内约60°方向回扣，然后全脚慢慢踏实；
身体后坐，重心平移至左腿；
右脚随转体以脚掌为轴蹬扭正，脚跟离地，成右虚步；
同时右手由耳侧向前坐腕推出，掌心向前；
左臂屈肘后撤，左手回抽至左腰侧，掌心向上；
目平视前方。

46

倒卷肱（四）

① 转体托掌

下盘不动，上体左转；

左手翻掌，掌心向上，经腰侧由下向后上约135°方向画弧平举，臂微屈、坠肘；

右手随即翻掌向上；

两手与肩同高；

视线随着向左转体而平视左手方向。

② 撤步收肘

右腿轻轻提起向后偏右退一步，前脚掌先着地；
身体重心保持在左腿不变；
同时左臂屈肘折向前到耳侧，掌心斜向胸内侧；
目平视右手前方。

❻ 左右倒卷肱

特别提示

四个倒卷肱动作要点基本相同。

③ 退步推掌

右脚脚跟向内约60°方向回扣，然后全脚慢慢踏实；
身体后坐，重心平移至右腿；
左脚随转体以脚掌为轴蹬扭正，脚跟离地，成左虚步；
同时左手由耳侧向前坐腕推出，掌心向前；
右臂屈肘后撤，右手回抽至右腰侧，掌心向上；
目平视前方。

左右倒卷肱

完整练习提示

在向后退步的过程中,支撑腿要保持一定的弯曲度,使重心在移动中保持水平状态,没有上下起伏;

转体托掌和退步推掌要连贯完成,中间不要有停顿。

核桃枸杞山楂汤

原料：核桃仁500克，枸杞子30克，山楂30克，菊花12克，白糖适量。

做法：

1.将核桃仁洗净后，磨成浆汁，加清水稀释。

2.山楂、菊花、枸杞子洗净后，水煎两次，去渣取汁1000毫升。

3.将山楂、菊花、枸杞子汁同核桃仁浆汁一同倒入锅内，加白糖搅匀，置火上烧至微沸即成，代茶饮。

功效：有利于改善记忆力和睡眠不足。

7 左揽雀尾

① 转体丁步抱球

身体重心落在右腿上，上体向右转；

左脚收到右脚内侧，脚尖点地成丁步；

同时，左手自然下落逐渐翻掌经腹前画弧至右肋前，掌心向上，掌指向右；

右手由腰间向右向上沿弧线撩掌，至肩高时右臂屈肘，手掌收至右胸前，掌心转向下，掌指向左；

两手相对成抱球状；

目平视右手。

⑦ 左揽雀尾

② 弓步掤

上体微向左转，左脚向左前方迈出，脚跟着地成左虚步；

上体继续向左转，左腿屈膝，右腿自然蹬直，成左弓步；

同时左臂向左前方掤出，即左臂平屈成弓形；

用左前臂外侧和手背向前方推出，高与肩平，掌心对胸口；

右手向右下落按于右胯旁，掌心向下，指尖向前；

目平视前方。

特别提示

迈步时不要急于做上肢动作，掤要配合重心前移完成，做到手脚同时到位；

左臂自然弯曲，右臂微屈外撑，胸微微内含，形成圆滑的弧形。

专业词语注释

掤：多音字 ① [bīng]、② [bēng]。
"掤"字在太极拳之中念 [péng]，支撑之意。

③ 后坐捋

身体微向左转,左手随即向左前摆伸,手指向前,掌心向下;
同时右手翻掌向上,经腹前向上、向前伸至左前臂下方;
松胯屈右膝,重心移至右腿;
蹬伸左腿,腰微右转;
同时两手下捋至腹前。

特别提示

双手左前摆伸时，上体不要前俯，身体只配合微微左转；

双手回拖时，要配合身体右转，从左上方向右下方弧线斜带，不可直线回抽；

向后送出时继续转腰双手放松即可。

⑦ 左揽雀尾

上体向右转，右手继续向后上方画弧，直至右手高与肩平，掌心向侧上；

同时左手沿身体右侧上升，直至左臂平屈于胸前，掌心向下，即两手托掌送出；

目随右手转动而平视。

④ 弓步挤

上体微向左转，右臂屈肘折回，右手立附于左手腕里侧；

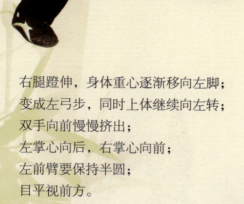

右腿蹬伸，身体重心逐渐移向左脚；
变成左弓步，同时上体继续向左转；
双手向前慢慢挤出；
左掌心向后，右掌心向前；
左前臂要保持半圆；
目平视前方。

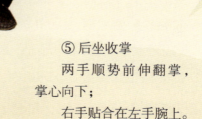

⑤ 后坐收掌
　　两手顺势前伸翻掌，掌心向下；
　　右手贴合在左手腕上。

7 左揽雀尾

右手经左腕上方向前、向右伸出；

双手手指向前，掌心向下，与肩同高；

两手左右分开，与肩同宽、同高。

松胯右腿屈膝，左脚蹬伸；

上体慢慢后坐，身体重心平移至右腿，左脚尖翘起；

同时两手屈肘回收至腹前，掌心均向前下方；

目平视前方。

简化 太极拳

⑥ 弓步按掌

上步动作不停,右腿蹬伸;

身体重心慢慢前移,左腿前弓成左弓步;

同时两手向前、向上按出,掌心向前;

目平视前方。

特别提示

按掌不要完全伸直,保持肘关节微微弯曲,肘尖自然下垂,做到沉肩垂肘;

后坐收掌后两手不要停顿,继续做按掌动作。

⑧ 右揽雀尾

8　右揽雀尾

① 转体丁步抱球

上体不变，然后松胯；
右腿屈膝，左脚蹬伸；
上体慢慢后坐，身体重心平移至右腿；
左脚尖翘起，成左虚步。

59

简化 太极拳

左脚脚尖向里约135°方向回扣；

右手经体前向右，在水平面画弧至右侧；

左手微向右摆；

双臂肘关节微屈，双手保持立掌，掌心向斜前方，两手臂成抱弧状；

目随右手转动而平视。

右腿蹬伸，身体重心移至左腿；

右脚收至左脚内侧，脚尖点地成右丁步；

同时右手由右下经腹前向左上画弧至左肋前，掌心向上；

左臂屈肘后平屈于胸前，左手掌心向下与右手成抱球状；

目平视左手方向。

 特别提示

重心移动过程要做清楚，做到虚实分明；

双掌分开后，不要伸太直，保持自然弯曲，微微向前合抱成弧形。

⑧ 右揽雀尾

② 弓步掤

上体微向右转，右脚向右前方迈出；

脚跟着地，成右虚步。

上体继续向右转，左腿自然蹬直，右腿屈膝，成右弓步；

同时右臂向右前方掤出，即右臂平屈成弓形，用前臂外侧和手背向前方推出，高与肩平，掌心向后；

左手向左下落按于左胯旁，掌心向下，指尖向前；

目平视前方。

简化 **太极拳**

③ 后坐捋

身体微向右转，右手随即向右前摆伸，手指向前，掌心向下；

同时左手翻掌向上，经腹前向上、向前伸至右前臂下方。

松胯屈左膝，重心移至左腿，蹬伸右腿，腰微左转；

同时两手下捋至腹前。

8 右揽雀尾

　　上体向左转，左手继续向后上方画弧，直至与肩平，掌心向侧上；

　　右手上升直至右臂平屈于胸前，掌心向侧后；

　　目随左手转动而平视。

④ 弓步挤

　　上个动作不停，上体微向右转，左臂屈肘折回，左手立附于右手腕里侧。

简化 太极拳

左腿蹬伸，身体重心逐渐移向右脚；

变成右弓步，同时上体继续向右转；

双手向前慢慢挤出，右手掌心向后，左手掌心向前，右前臂要保持半圆；

目平视前方。

⑤ 后坐收掌

两手顺势前伸翻掌，掌心向下；

右手贴合在左手腕上。

右手经左手腕上方向前、向右伸出；

双手手指向前，掌心向下，与肩同高；

两手左右分开，与肩同宽、同高。

❽ 右揽雀尾

松胯，左腿屈膝，右脚蹬伸，上体慢慢后坐；

身体重心平移至左腿，右脚脚尖翘起；

同时两手屈肘回收至腹前，掌心均向前下方；

目平视前方。

 简化 太极拳

⑥ 弓步按掌
上个动作不停，左腿蹬伸；
身体重心慢慢前移，右腿前弓成右弓步；
同时两手向前、向上按出，掌心向前；
目平视前方。

 特别提示

按掌不要完全伸直，保持肘关节微微弯曲，肘尖自然下垂，做到沉肩垂肘；
后坐收掌后两手不要停顿，继续做按掌动作。

8 右揽雀尾

左揽雀尾

67

右揽雀尾

完整练习提示

揽雀尾由"掤、捋、挤、按"四个动作组成,四个动作在衔接上要做到招式相连,动作的虚实转换、姿势变化都要连贯一气,不停顿;

在动作过程中,身体重心平稳;注意区别两次重心后坐时的脚尖动作,"捋"时前脚全脚掌着地,"按"时前脚脚尖翘起。

杜仲党参乳鸽汤

原料：乳鸽、杜仲、北芪、党参、老姜、盐。

做法：

1. 乳鸽宰杀收拾干净，沸水焯过。
2. 杜仲、北芪、党参洗净；老姜洗净切片备用。
3. 将乳鸽、杜仲、北芪、党参、老姜放入开水锅中，大火煮沸后改小火煮约3小时，加盐调味即可。

功效：杜仲可以强身、补肝肾、镇痛、安胎，对于精力不济、腿足痉挛、流产、高血压等都有疗效。

右脚脚尖向内约135°方向回扣；
左手平运直至左臂平举，伸于身体左侧；
右手运至左肋前，掌心向上；
目随左手转动而平视。

9 单鞭

① 转体侧抱

松胯屈左膝，右脚蹬伸，上体后坐；
身体重心逐渐移至左腿，右脚脚尖勾起回扣；
同时上体左转，两手向左弧形运转，左高右低；
左手平运，掌心斜向下，右手运至右肋前，掌心向左；
目平视两掌中间。

特别提示

上体左转和重心左移同时进行，边移边转；
双手左移画弧过程中，掌心向后；
左手经面部前，边向后运手边向外翻掌，掌心向外，右手经腹前。

 单鞭

特别提示

收腿动作要在重心右移到右腿后,再蹬左脚掌收左脚成左丁步。

② 丁步勾手

左脚蹬地,身体重心渐渐移至右腿,上体右转;
左脚向右脚内侧靠拢,脚尖点地,成左丁步;
右手随上体右转经面部前方向右上方画弧,掌心向内;
经面部后,右手掌心外翻变成勾手,勾尖向下,臂与耳平;
左手向下经腹前向右上画弧停于右胸前,掌心向上;
转体过程中目随右手转动而平视,最后目平视右手。

③ 虚步云掌

左脚向左前方侧向迈出，脚跟着地，成左虚步；

上体微向左转；

同时左掌随上体的左转经面部慢慢平移向左侧，掌心向上。

特别提示

出手和出脚要同时进行、同时到位。

⑨ 单鞭

④ 弓步推掌

　　右脚跟后蹬，左脚掌慢慢踏实，身体重心平移向左腿成左弓步；

　　同时左掌慢慢翻转向前推出，掌心向前，与肩同高，臂微屈、坠肘；

　　右手勾手不变；

　　目平视前方。

特别提示

移动重心、形成弓步与推掌同时进行，同时到位。

单鞭

完整练习提示

转体、扣脚和丁步勾手动作连贯完成，双手走圆滑的弧线；目光跟随处于上面的手。

薏米冬瓜汤

材料：薏米80g，冬瓜400g，排骨400g，老姜1小块，香葱3棵，水3大碗，盐，白胡椒粉。

做法：

1. 老姜洗净切片，香葱摘净挽成结备用。
2. 冬瓜洗净去瓤后切大块。
3. 薏米分拣干净后用清水浸泡2小时左右。
4. 排骨冲洗干净，提前用冷水浸泡1小时左右沥净血水，冷水下锅加姜片焯水后冲洗干净备用。
5. 砂锅内放入足量的水，放入冲洗干净的排骨。
6. 放入浸泡充分后的薏米。
7. 加入姜片和香葱。
8. 大火烧开转小火煲1小时。
9. 1小时后放入冬瓜，继续小火煲30分钟左右。
10. 关火前15分钟调入适量的盐、白胡椒粉，时间到关火即可食用。

功效：冬瓜润肺生津、化痰止渴、减肥降脂、美容养颜；薏米有健脾去湿、舒筋除痹、清热排脓等功效。

简化 太极拳

10 云手

云手（一）

① 转体侧抱

松胯，右腿屈膝，左脚蹬伸，身体重心移至右腿；
身体渐向右转，左脚脚尖向里约90°方向回扣，成侧弓步；
左手向下画弧经腹前至右肋前，掌心向上；
同时右手松勾手变立掌，掌心向右前；
目平视前方。

⑩ 云手

② 马步云抱

上体慢慢左转，身体重心随之向左平移；
右手向下画弧至腹前，掌心斜向左上方；
左手向上画弧经面前，掌心斜向右下；
两手形成互抱球状；
目平视两掌中间的前方。

特别提示

立身中正，重心平移，两手互转抱球相牵相系。

特别提示

收脚时立身中正，重心平稳，目随左手，两手互抱球相牵相系。

③ 并步云手

上体继续慢慢左转，身体重心随之向左平移；

右手由右下经腹前向左上画弧，至左肋前，掌心向上；

同时蹬右脚脚掌，右脚收回靠近左脚，成小开立丁步，两脚相距约10～20厘米；

目随右手转动而平视。

云手（二）

① 丁步云抱

落右脚，重心平移至右脚上，提左脚脚跟，成小开立步形的丁步；身体微向右转，右手向上画弧至面前，左手向下画弧至左腹前；两手互换抱球，相牵相系。

② 开步云手

上体继续向右转，身体重心完全平移到右脚；
同时左手经腹前向右上画弧至右胸前，掌心向上；
右手经面部向右侧运转，掌心外翻，到右侧后立掌；
随之左腿向左横跨一步，成左弓步；
目随右手转动而平视。

⑩ 云 手

③ 马步云抱

上体慢慢左转，身体重心随之向左平移；
右手向下画弧至腹前，掌心斜向左上方；
左手向上画弧经面前，掌心斜向右下方；
两手形成互抱球状；
目平视两掌中间的前方。

④ 并步云手

上体继续慢慢向左转，身体重心随之向左平移；

右手由右下经腹前向左上画弧，至左肋前，掌心向上；

同时蹬右脚脚掌，右脚收回靠近左脚，成小开立丁步，两脚相距约10～20厘米；

目随右手转动而平视。

云手（三）

① 丁步云抱

落右脚，重心平移至右脚，提左脚脚跟，成小开立步形的丁步；身体微向右转，右手向上画弧至面前，左手向下画弧至左腹前；两手互换抱球，相牵相系。

② 开步云手

上体继续向右转,身体重心完全平移到右脚;

同时左手经腹前向右上画弧至右胸前,掌心向上;

右手经面部向右侧运转,掌心外翻,到右侧后立掌;

随之左腿向左横跨一步,成侧弓步;

目随右手转动而平视。

③ 马步云抱

上体慢慢左转，身体重心随之向左平移；
右手向下画弧至腹前，掌心斜向左上方；
左手向上画弧经面前，掌心斜向右下方；
两手形成互抱球状；
目平视两掌中间的前方。

④ 并步云手

上体继续慢慢左转，身体重心随之向左平移；
右手由右下经腹前向左上画弧，至左肋前，掌心向上；
同时蹬右脚脚掌，右脚收回靠近左脚；
成小开立丁步，两脚相距约10～20厘米；
目随右手转动而平视左手方向。

云手

完整练习提示

身体转动时要以腰为轴；

向左移动的整个过程中重心要保持同一高度；

两臂随腰运转，自然灵活，速度均匀缓慢；

三个云手的手部动作要连贯，互换抱球画圆，不停顿；

右手沿顺时针方向画圆，左手沿逆时针方向画圆，当手运行至面部前时为最高点，掌心向面部，前臂竖立，手指向上，与眼同高；

当手运行至腹前时为最低点，双手肘关节保持自然弯曲，不可僵直。

材料：银耳、红枣、桂圆干、枸杞

做法：

1.将所有的食材清洗干净之后泡发。

2.泡发后的食材一起放入锅中熬煮，直到软烂，即可直接服用。

功效：银耳具有润燥以及保健的作用，红枣和枸杞具有很好的补血作用。所有的食材混合在一起之后，补气养血的作用则是加倍提升。

11 单鞭

① 丁步勾手

重心平移至右脚，左脚跟慢慢提离地面，脚尖点地，成左丁步，同时上体向右转；

右手随上体右转经面部向右上方画弧至身体右侧；

右手掌心由内向外翻，变成勾手，勾手与耳同高，勾尖向下；

左手向下经腹前向右上画弧停于胸前，左掌内翻，掌心向上；

目随右手转动而平视。

② 虚步云掌

左脚向左前侧向迈出，脚跟着地，成左虚步；

上体微向左转；

同时左掌随上体的左转经面部慢慢平移向左侧，掌心向上。

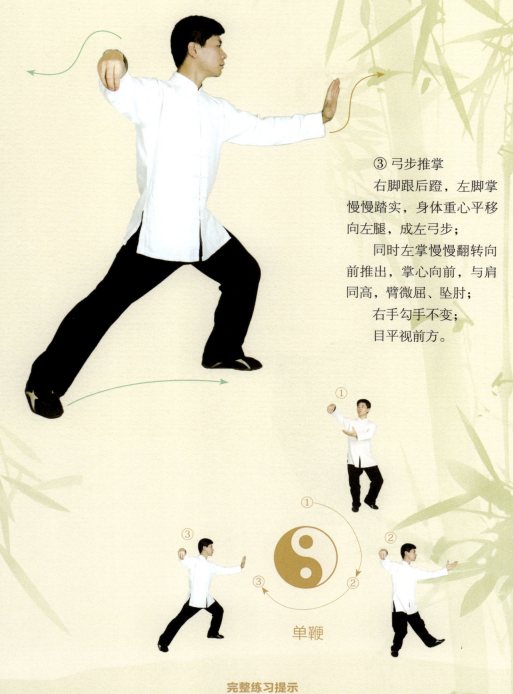

③ 弓步推掌

右脚跟后蹬，左脚掌慢慢踏实，身体重心平移向左腿，成左弓步；

同时左掌慢慢翻转向前推出，掌心向前，与肩同高，臂微屈、坠肘；

右手勾手不变；

目平视前方。

⑪ 单鞭

单鞭

完整练习提示

运手后，不停顿，顺势画弧完成单鞭，使整个动作一气呵成，但动作要匀速缓慢。

91

简化 太极拳

特别提示

在跟步前,身体重心先微微向左脚移动,但不要升高,把重心控制在左脚,跟步时重心平稳。

⑫ 高探马

① 跟步翻掌

重心继续向前平移,右脚跟进半步,脚尖点地,成后丁步;
同时身体微向右转;
右勾手变掌,两手掌心翻转向上,两肘弯曲下坠;
目平视右手前方。

⑫ 高探马

② 丁步转换

右脚脚跟下落的同时向约60°方向内扣，重心平移至右脚；
左脚跟慢慢提离地面，脚尖点地，成前丁步；
同时收右肘，右手指尖收至耳旁，掌心向胸内侧；
随收肘转头，目平视前方。

③ 虚步推掌

上体微向左转；

右掌经右耳旁向前推出，掌心向前，掌与肩同高；

左手收至左侧腰前，掌心向上；

同时左脚微向前移，脚尖点地，成左虚步；

目平视前方。

特别提示

上体自然正直，沉肩垂肘。

⑬ 右蹬脚

13　右蹬脚

① 左手穿掌
收左脚成丁步；
左手掌心向上，穿过右手搭于右手腕背面；
两手相互交叉，掌背相叠；
目平视左手方向。

 简化 太极拳

特别提示

迈步的脚离地不要太高，步幅要小，落脚时要脚跟先着地，然后慢慢踏实；

两手外分时在身体斜前方走弧线，肘关节下坠保持适当的弯曲度。

② 迈步分掌
左脚提起向左前侧向上步，脚尖略外撇；
身体重心前移，右腿自然蹬直，成左弓步；
同时左手翻掌向外，双手向两侧架掌分开；
目平视前方。

⑬ 右蹬脚

特别提示
双手向下画弧时身体不要前倾，重心要平稳，收腿动作要慢。

③ 跟步合抱

重心继续前移至左腿，右脚蹬收，向左脚内侧靠拢，脚尖点地，成右后丁步；

两手向下画弧，两手交叉合抱于腹前，右手在下，左手在上，掌心均向上；目视左前方。

④ 提膝捧掌
蹬伸左腿,重心慢慢升起;
右腿屈膝提起,踝关节自然放松;
两手掌从腹前捧至胸前,掌心向内;
目视右前方。

⑬ 右蹬脚

⑤ 蹬腿分架

右脚脚跟向右前方慢慢蹬出，勾脚尖；

同时两臂左右画弧微微分开，肘部弯曲；

两手掌立掌外翻，两掌分别向左右推出；

目视右手方向。

特别提示

重心升高后，上体要直立，不可为了右腿抬高而后仰身体；

蹬腿动作完后，两腿膝关节微屈，右脚脚尖勾紧；

两手推掌不要推成直线，而应该微向斜前，双手保持在一个圆弧上，右手与右脚方向一致，做到上下呼应。

右蹬脚

完整练习提示

以高探马面对方向为正前方,右蹬脚迈步动作向前,蹬腿方向约为向右30°方向。

双红补血汤

材料：红薯、红枣、红糖

做法：

1. 将清水放入锅中烧开。
2. 放入煮熟之后的红薯和红枣。
3. 熬煮软烂起锅之前加入红糖搅拌均匀。

功效：双红补血汤非常适合夏天以及刚刚入秋的时候服用，是一道养生甜品。

14 双峰贯耳

① 收腿合掌

右腿屈膝收回，尽量使右侧大腿与地面齐平，踝关节自然放松；

两手翻掌，掌心向上；

左手由后侧平摆至体前；

双手手掌与肩同高、距离与肩同宽；

双肘微坠下落回收；

目平视前方。

14 双峰贯耳

② 迈步收掌
屈左膝，降低重心；
右腿伸直向右前方迈出，脚跟着地，成右虚步；
两手同时向下画弧，分别落于髋关节两侧；
目平视前方。

特别提示
迈步方向是右脚蹬脚方向再偏右15°左右。

简化 太极拳

特别提示

两手向前贯拳时，伴随画弧动作，双臂坠肘，前臂逐渐内旋；

重心前移与贯双拳同步，且动作需同时到位。

③ 弓步贯拳

左腿蹬伸，身体重心渐渐前移，成右弓步，面向右前方；
同时两手慢慢变拳，分别从身体两侧向上、向前画弧至面部前方；
两拳相对成钳形，高与耳齐，拳眼都斜向前下方，两拳相距约15～20厘米；
目视两拳之间。

特别提示

移重心的同时转体。

15 转身左蹬脚

① 转身扣脚
松胯，屈左膝，右脚蹬伸；
身体回坐，重心平移至左腿；
上体向左后转，右脚脚尖向里约90°回扣；
上体姿态不变；
目平视前方。

简化 **太极拳**

特别提示

收腿动作不要太早、太快，当重心完全控制在右腿上时再收腿，以保持身体平稳；身体左右移动时重心不要有起伏。

② 收腿合抱
落右脚，左腿蹬伸，身体重心再平移至右腿；
左脚收到右脚内侧，脚尖点地，成左丁步；
同时两手由拳变掌向下画弧合抱于腹前；
左手在外，右手在内，掌心均向上；
目平视前方。

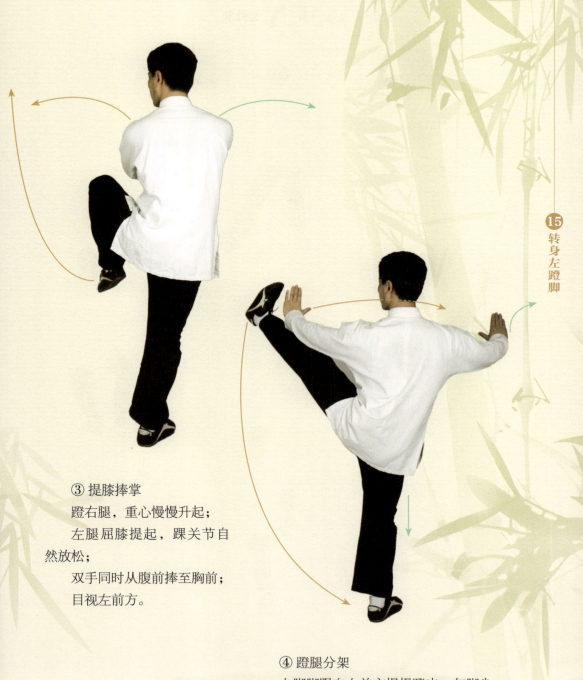

⑮ 转身左蹬脚

③ 提膝捧掌

蹬右腿，重心慢慢升起；

左腿屈膝提起，踝关节自然放松；

双手同时从腹前捧至胸前；

目视左前方。

④ 蹬腿分架

左脚脚跟向左前方慢慢蹬出，勾脚尖；

同时两臂左右画弧微微分开，肘部弯曲；

两手掌立掌外翻，两掌向左右推出；

目视左手。

转身左蹬脚

完整练习提示

转身时上体转动要大于90°，最后左脚蹬腿方向与右蹬脚的蹬腿方向相反，夹角约180°；

连贯练习时不要忽略了移动重心，重心移动时要虚实分明。

木瓜银耳汤

材料：银耳、木瓜、红枣、冰糖。

做法：

1.将银耳放入清水之中泡发。

2.将泡发好的银耳和红枣一起翻入锅中，小火慢炖半个小时。

3.加入准备好的冰糖以及木瓜，即可直接服用。

功效：补气养血，女性经常服用还能够起到美容养颜的作用。

16 左下势独立

① 收腿勾手

屈右膝,重心下降,左腿收回下落,脚尖点地,成左丁步;

上体微向右转;

右掌变成勾手,勾尖向下;

左手向右画弧下落,立于右胸前,掌心斜向上;

目随左手转动而平视。

16 左下势独立

② 仆步穿掌

右腿慢慢屈膝下蹲，左腿由内向左侧偏后的位置伸出，成左仆步；

左手沿身体右侧下落至腹前，然后向左下方顺左腿内侧向前穿出，掌心向外，手指向前，拇指侧向上；

右手微微下落；

目随左手转动而平视。

特别提示

仆步时左腿不要伸太远，以便把重心完全控制在右腿上；

两脚全脚掌抓地，左脚脚尖内扣。

简化 太极拳

③ 弓步挑掌
左脚以脚跟为轴，脚尖尽量向外撇；
身体重心前移，左腿前屈，右腿蹬起；
同时左臂继续向前、向上画弧线穿出，掌心向右，右勾手微下落；
目平视左手方向。

16 左下势独立

④ 弓步按掌
左腿前弓,重心向前平移;
勾右脚,脚尖内扣,胯向左转,右腿后蹬,成左弓步;
右肩内旋,右手勾直,勾尖向上;
左肩微内旋、坠肘、挑掌、坐腕;
目平视左手方向。

特别提示

重心升高和提膝动作要在重心完全移至左腿后再做，以便控制身体平衡；提膝和挑掌要配合重心上升同步完成。

⑤ 提膝挑掌

身体重心继续前移至左腿；

右脚以前脚掌为轴脚跟后顺，上体微向左转并向前起身；

右腿慢慢提起，成左独立式，踝关节放松；

同时右勾手变掌，由后下方顺右腿外侧向前弧形挑出，屈臂立于右腿上方，肘与膝相对，掌心向左；

左手下落按于左胯旁，掌心向下，指尖向前；

目平视右手方向。

16 左下势独立

左下势独立

完整练习提示

整个动作中间没有停顿，各步骤要连贯完成；
左手回收、前穿的路线在同一圆滑的弧线上。

简化 太极拳

黑糯米补血粥

材料：黑糯米、桂圆、红枣、山药、红糖

做法：
1.将桂圆和红枣一起放入锅中，加入适量的清水。
2.大火烧开之后放入准备好的黑糯米以及山药。
3.小火慢炖直到软烂成粥。
4.起锅之前加入红糖搅拌均匀，即可直接服用。

功效：黑糯米、桂圆以及红枣都具有很好的补血作用，加之山药益气养血，功效大增。

17 右下势独立

17　右下势独立

① 落脚转体

上体姿态不变，右脚下落于左脚后，前脚掌着地；
以左脚前掌为轴脚跟转动，身体随之左转，成右侧丁步；
同时左手向后平举变成勾手，勾尖向下；
右掌随转体向左侧画弧，立于左肩前，掌心向左；
目平视左手方向。

② 仆步穿掌

左腿慢慢屈膝下蹲,右腿由内向右侧偏后方向伸出,成右仆步;

右手沿身体左侧下落至腹前,然后向右下方顺右腿内侧向前穿出,掌心向外,手指向前,拇指侧向上,左手微微下落;

目随右手转动而平视。

特别提示

仆步时右腿不要伸太远,以便把重心完全控制在左腿上;

两脚全脚掌抓地,右脚脚尖内扣。

17 右下势独立

③ 弓步挑掌

右脚以脚跟为轴,脚尖尽量向外撇,身体重心前移;

右腿前屈,左腿蹬起;

同时右臂继续向前、向上弧线形穿出,掌心向左,左勾手微下落;

目平视右手方向。

④ 弓步按掌

右腿前弓，重心向前平移；

勾左脚，脚尖内扣，胯向右转，左腿后蹬，成右弓步；

左肩内旋，左手勾直，勾尖向上；

右肩微内旋，坠肘、挑掌、坐腕；

目平视右手方向。

特别提示

重心升高和提膝动作要在重心完全移至右腿后再做，以便控制身体平衡；
提膝和挑掌要配合重心上升同步完成。

⑤ 提膝挑掌

身体重心继续前移至右腿，左脚以前脚掌为轴脚跟后顺；

上体微向右转并向前起身，左腿慢慢提起平屈，成右独立式，踝关节放松；

同时左勾手变掌，由后下方顺左腿外侧向前弧形挑出，屈臂立于左腿上方，肘与膝相对，掌心向右；

右手下落按于右胯旁，掌心向下，指尖向前；

目平视左手方向。

18 左右穿梭

（1）左穿梭

① 丁步抱球

屈右膝，重心慢慢下降，左脚向左前方落地，脚跟着地成虚步，身体微向左转；右手向左翻掌，向腹前搂抱，掌心向上；

左手自然下落于胸前，同时坠肘，掌心向下；

两手在左胸前成抱球状。

18 左右穿梭

屈左膝，蹬伸右脚，将重心向前平移至左脚；右脚收到左脚的内侧，脚尖点地，成右虚步；目平视左前臂方向。

简化 太极拳

特别提示

立身中正，保持重心在左腿不变；

出右步、挑右掌、落左掌等动作，需要同时进行、同时到位。

② 虚步挑掌

右脚向右前方迈出，脚跟着地；

同时右手由下沿弧形向上挑掌，至右斜上方约60°处，掌心斜向上；

左手向左下落至左肋处；

目平视右斜前方。

18 左右穿梭

特别提示

右手上架和左手前推的动作要与重心前移协调一致,手脚同时到达;

左手不要推得过直,肘关节下坠、微屈;

推掌完成时,上体不要前倾,也不要侧倾,两肩要保持相同的高度。

③ 弓步架推

松胯,屈右膝,左腿蹬伸,脚跟后顺,成右弓步,身体右转;

翻架右掌,左手从左肋处随重心前移成立掌向前推出,手推出至与肩同高,掌心向前;

目平视左手方向。

（2）右穿梭

① 丁步抱球

松胯，屈左膝，身体重心略向后平移；

右脚脚尖稍向内扣，身体重心平移至右腿；

左脚跟蹬进，停于右脚内侧，脚尖点地，成左丁步；

同时左手沿弧线下落向腹前搂抱，掌心向上；

右手自然下落于右胸前，掌心向下；

两手在右胸前成抱球状，右手在上左手在下；

目平视右前方。

⑱ 左右穿梭

特别提示
立身中正，保持重心在左腿；
出左步、挑左掌、落右掌等动作，需要同时进行、同时到位。

② 虚步挑掌
左脚向左前方迈出，脚跟着地；
左手由下沿弧形向上挑掌，至左斜上方约60°方向，掌心斜向上；
右手向右下方落至右肋处。
目平视左斜前方。

特别提示

左手上架和右手前推的动作要与重心前移协调一致,做到手脚同时到达;

右手不要推得过直,肘关节下坠、微屈;

推掌完成时,上体不要前倾,也不要侧倾,两肩要保持相同的高度。

③ 弓步架推

松胯,屈左膝,然后右腿蹬伸,脚跟后顺,成左弓步,身体左转;

同时翻架左掌,右手从右肋处再随重心前移成立掌向前推出,推出的手与肩同高,掌心向前;

目平视右手方向。

18 左右穿梭

左右穿梭

完整练习提示

左右两次迈步的方向与正前方约成45°夹角，之字形前进；连贯练习时不要漏做左右穿梭的衔接过程，即重心后坐，脚尖微内扣。

黄豆雪梨猪脚汤

材料：雪梨、大豆、猪脚、姜片、食盐。

做法：

1.将雪梨切块去除果核。

2.大豆、生姜、雪梨、猪脚一起放入锅中，加入适量的清水之后大火烧开15分钟。

3.变成小火慢炖1小时，起锅之前根据个人口味用食盐调味。

功效：雪梨除了止咳润肺的功效之外，还能够起到清心美肤的效果。这道黄豆雪梨猪脚汤，具有降血压、缓解口干舌燥的功效，对于皮肤也有很好的保养作用。

特别提示
收右脚成丁步、拦左掌、按右掌要同时进行、同时到位。

⑲ 海底针

① 后丁步拦掌
身体微向右转正，重心继续向左腿平移；
蹬伸右脚，右脚顺势向前跟进半步，脚尖点地，成后丁步；
右手下落按于右腰前，掌心向下，手指向前；
左手顺势下落，按在左胸正前方；
目平视前方。

侧面细节展示

② 前丁步提掌

落右脚，身体重心后移至右腿；

左脚跟微微提离地面，成前丁步，身体稍向右转；

重心后移时，右手从腰间向后上画弧上提至耳旁，掌心向内，掌指斜向下约45°；

左手自然下落至腹前按掌；

目随右手转视，再顺左手看向前下方。

特别提示
插掌时上体要顶直。

③ 虚步插掌

屈右膝，重心下坐，上体转正，左脚稍向前落，脚尖点地，成左虚步；

随身体左转，左手顺势向下画弧搂膝按于左胯旁约20厘米处，掌心向下，指尖向前；

右手由右耳旁斜向前下方插出，掌心向左，指尖斜向下；

目视前下方。

 简化 太极拳

20 闪通臂

① 丁步提掌

上体坐正稍向右转,左脚回收,脚尖点地,成左丁步;
同时左手四指搭在右手手腕内侧,双手上提至右额前;
右手掌心向里,四指朝前;
目平视前方。

② 虚步架掌

左脚向正前偏左方向迈出，脚跟点地，成左虚步；
同时两手分架开，左手立掌，开于左胸前；
右手外翻于右额头斜上方，掌心朝外；
目平视前方。

③ 弓步架推

松胯，屈左膝蹬右脚，重心平移向前，屈左腿成弓步；

同时右手继续向外架掌，屈右臂右手上举，停于右额前上方，掌心斜向上，拇指朝下；

左手由左胸前向前平推出，高与肩平，掌心向前；

目平视前方。

闪通臂

完整练习提示

注意不要同左右穿梭的动作相混淆，此处的推掌和弓腿动作是同侧的，而左右穿梭的推掌和弓腿动作是异侧的。

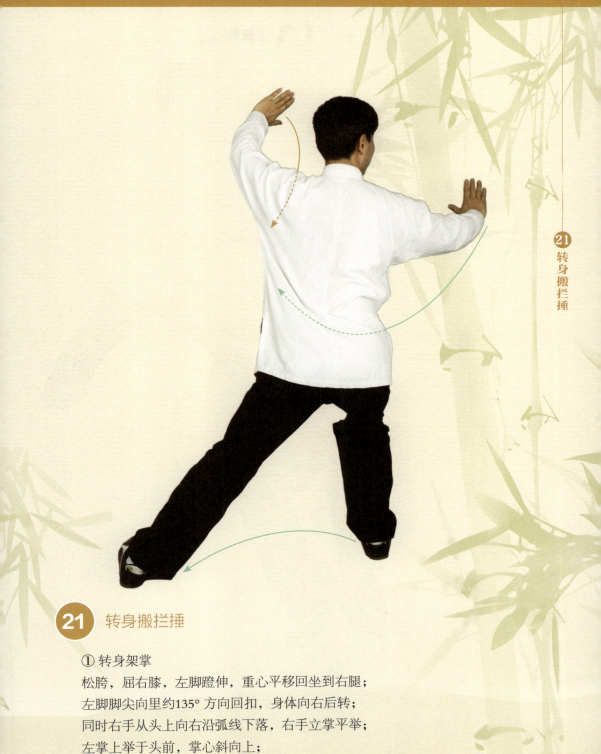

21 转身搬拦捶

① 转身架掌

松胯,屈右膝,左脚蹬伸,重心平移回坐到右腿;
左脚脚尖向里约135°方向回扣,身体向右后转;
同时右手从头上向右沿弧线下落,右手立掌平举;
左掌上举于头前,掌心斜向上;
目视右手前方。

 简化 太极拳

② 丁步裹拳

松胯，屈左膝，右脚蹬伸，身体重心再平移至左腿；
身体微左转，收右脚，右脚脚尖点地成右丁步；
同时右手随着转体向下裹拳，拳背向里；
目平视右臂前方。

③ 虚步搬拳

出右脚，脚跟点地，成右虚步；
右拳经胸前向前翻转搬出，拳背斜向下；
左手下按于左胯旁，掌心向下，指尖向前；
目平视右拳方向。

21 转身搬拦捶

④ 上步拦掌

右脚脚尖外撇，屈右膝，蹬左脚；

左脚向前迈一步，脚跟着地，成左虚步，身体右转；

左手经左侧向前上方画弧，横向拦于右胸前，掌心向前下方；

同时右拳向右画弧收到右腰旁，拳心向上；

目平视前方。

㉑ 转身搬拦捶

⑤ 弓步冲拳

松胯，屈左膝，右腿蹬伸，重心向前平移，左腿前弓成左弓步；

同时右拳向前立拳冲出，拳眼向上，高与胸平；

左手微微回收置右前臂内侧，指尖向上；

目平视右拳方向。

特别提示

拳要握实，
但不要太紧。

转身搬拦捶

完整练习提示

转身和搬拳时双手动作路线可理解为同时在身体左侧顺时针画立圆弧；

上步横拦时双手动作路线可理解为同时在与腰等高的水平面上顺时针画平圆弧。

养颜补血燕麦粥

材料：核桃、红枣、龙眼干、燕麦、红糖。

做法：

1.将核桃、红枣、龙眼干一起放入清水之中泡发。

2.泡发的食材和燕麦一起放入锅中，加入适量的清水熬煮。

3.起锅之前加红糖，即可直接服用。

功效：此粥具有美容补血的作用，特别适合女性服用。

22 如封似闭

① 前穿分掌
左手由右腕下向前伸出,掌心向外;

22 如封似闭

右拳变掌,两手翻掌掌心向上,高与胸齐;
左手贴着右手背,两手慢慢分开,至双手距离与肩同宽;
目平视前方。

简化 太极拳

特别提示

重心后移时,上体保持正直,不要后仰;收掌至腹前的动作不可直线收回。

② 后坐收掌

松胯,右腿屈膝,左脚蹬伸,上体慢慢后坐,重心平移至右腿;左脚脚尖翘起;同时两手翻掌,前臂内旋,屈肘回收至腹前,掌心均向前下方;目平视前方。

㉒ 如封似闭

特别提示
推掌不要完全伸直，保持肘关节微微弯曲，肘尖自然下垂，做到沉肩垂肘。

③ 弓步按掌
右腿蹬伸，身体重心慢慢前移；
左脚脚掌踏实，左腿前弓成左弓步；
同时两手向前、向上按出，掌心向前；
目平视前方。

如封似闭

完整练习提示

"揽雀尾"的"按"收掌时掌心是向前的,而"如封似闭"后坐收掌时掌心是向后的。

23 十字手

① 回坐勾脚

松胯，右腿屈膝，左脚蹬伸，上体慢慢后坐，身体重心平移至右腿；
左脚脚尖翘起；
目平视前方。

② 扣脚转掌

身体右转、左脚脚尖向里约45°回扣；
同时两手随身体右转而平转，掌心向前，肘部下坠、微屈；
目随两手转动平视。

㉓ 十字手

③ 转体分掌

　　身体继续右转、右脚脚尖随着转体稍向外撇；

　　右手随着转体动作向右平摆画弧，与左手成两臂侧平举姿态；

　　两手臂与身体呈圆弧形；

　　目平视右手前方。

特别提示

右手平摆动作要用身体右转带动，做到以腰带手；
重心平移时身体不要有起伏；
脚尖扣转后均向前。

151

④ 收腿合抱

松胯,左腿屈膝,右脚蹬伸,身体重心平移至左腿;

收右腿,两脚脚尖均向前;

两手前臂外旋向下画弧抱至左胸前,成十字手;

两臂抱圆,右手在外,两手掌心均向里;

目平视两手前方。

23 十字手

上体不动,重心继续向左脚平移;
右脚蹬收半步,脚尖点地,与肩同宽;

右脚脚跟落正,同时左脚脚尖和上体也都转正,两脚距离与肩同宽,膝撑圆裆;

手腕高度与肩平齐,右手在外,左手在内,掌心均向内;

目平视前方。

㉓ 十字手

特别提示

双手向下画弧时重心不必下降，上体保持正直，不要前俯或低头；

双手合抱时要圆满舒适，沉肩垂肘；

重心升起要在收腿完成后进行，避免边收腿边站起。

两腿逐渐缓慢蹬直，成开立步。

简化 太极拳

24 收势

两手向外翻掌,掌心向下。

沉肩、坠肘、两臂慢慢下落,停于身体两侧。

24 收势

重心平移至右腿，同时提左脚脚跟。

提起左脚脚尖，离地约2厘米收至与右脚尖贴合。

简化 太极拳

特别提示

双手翻掌时要水平翻转，手指始终向前；

双掌下落时，手臂动作按沉肩、降肘、落手的顺序进行，不要做成按掌；

腿部动作也要按胯、膝、踝的顺序进行，节节贯穿，使重心移动平稳；

上体不要晃动，直至还原到预备站姿。

落左脚成并步站立；还原到预备站姿。

当归红枣排骨

材料：当归、红枣、排骨、葱姜、食盐、枸杞。

做法：

1.将排骨放入开水之中焯一遍，去除血水之后取出沥干水分。

2.干净的锅中加入适量的枸杞、红枣、葱姜以及排骨、清水，大火烧开之后小火慢炖。

3.直到排骨软烂加入适量的调味品，即可直接服用。

功效：滋阴润燥，同时还具有养颜护肤的功效。

动作路线

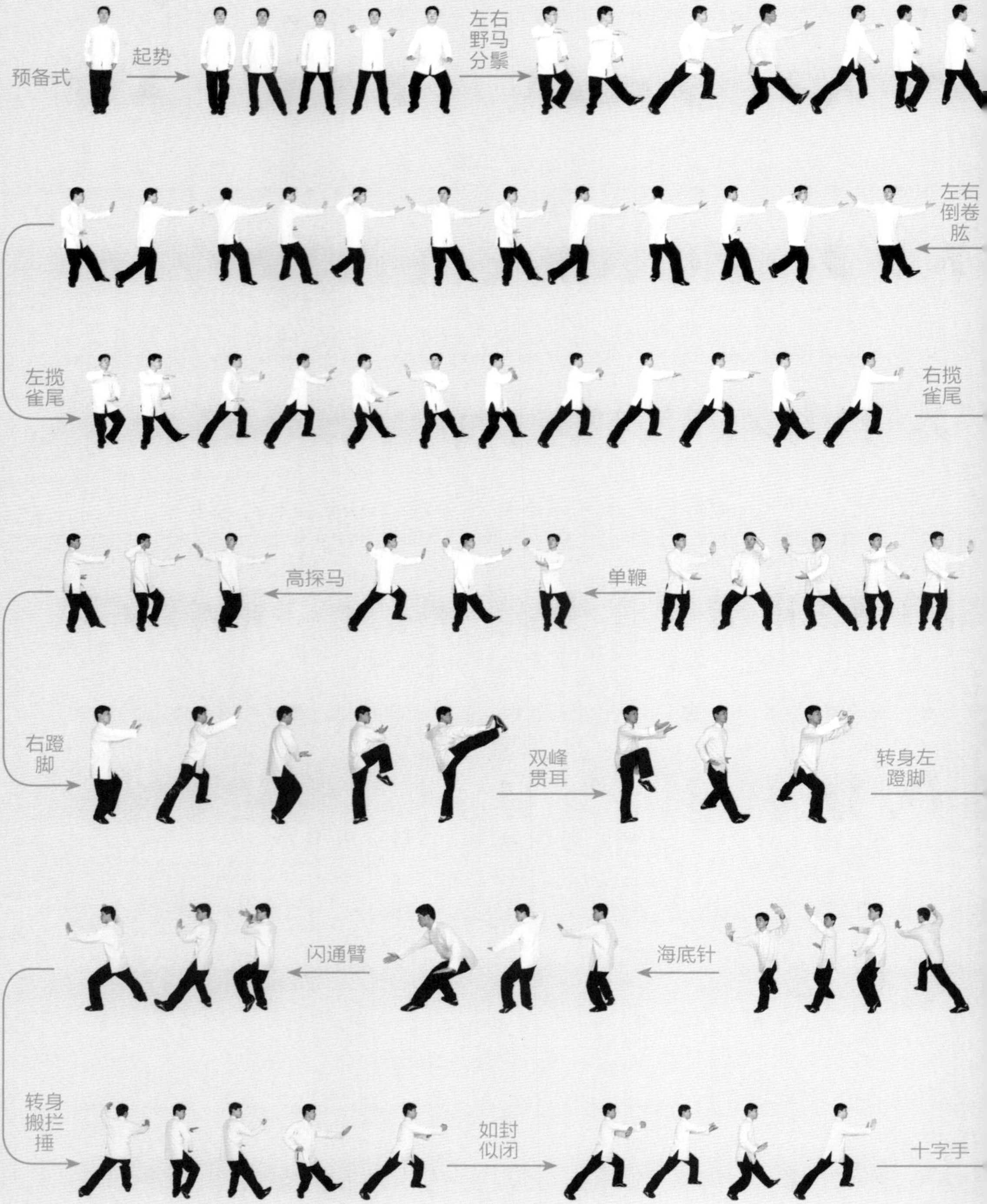

预备式 → 起势 → 左右野马分鬃

左右倒卷肱 ←

左揽雀尾 → 右揽雀尾

← 高探马 ← 单鞭

右蹬脚 → 双峰贯耳 → 转身左蹬脚

← 闪通臂 ← 海底针

转身搬拦捶 → 如封似闭 → 十字手

示意图

白鹤亮翅 左右搂膝拗步

左右搂膝拗步

手挥琵琶

云手 单鞭

左下势独立

左右穿梭 右下势独立

收势